LETTRE

CRITIQUE

DE M. ***

BACHELIER EN THEOLOGIE,

A L'AUTEUR DE LA DISSERTATION,

Sur le commencement du Siecle prochain.

AVEC

LA REPONSE

A LA MESME LETTRE.

A PARIS,

De l'Imprimerie de JEAN MOREAU, ruë
Galande, à l'Enseigne de Saint
Jean l'Evangeliste.

———

M. DC. XCIX.

AVEC PERMISSION.

ONSIEUR,

Je n'ay pas été trompé dans l'esperance que j'avois conçûë, en lisant le Titre de la Dissertation sur le Siecle prochain, d'y trouver quelque chose de surprenant & de nouveau. Je vous avouë que je n'aurois jamais pû me persuader qu'on eût jamais eu la pensée de croire que l'an 1700 eût commencé le Siecle prochain ; c'est

A ij

cependant ce que vous suppofez & pretendez refuter folidement cette erreur, & établir vôtre fentiment, qui eft celuy de tout le monde. Mais comme il arrive qu'en voulant défendre la verité, on l'expofe fouvent à faire naufrage en la défendant mal, lorfqu'on préfere aux raifons folides & convaincantes de foibles preuves qui la font perdre de vûë, & ne la font voir qu'à travers de l'obfcurité, ou enfin en ne combatant fes ennemis que par des raifons qui ont un effet tout contraire à celuy qu'elles doivent naturellement avoir : C'eft ce qui nous eft arrivé à l'occafion du Problême, fçavoir laquelle des deux années 1700 ou 1701 commence le Siecle prochain. Vous promettez de détruire le fentiment de ceux qui difent que 1700 eſt le commencement du Siecle, par un raiſonnement dont vous devez vous ſervir pour prouver que c'eſt 1701 : Or vous ſçavez qu'on ne peut détruire un ſentiment par le même raiſonnement dont on ſe ſert pour prouver le contradictoire. *Voyons en peu de mots ſi cela eſt veritable. Ceux qui aſſurent,* dites-vous, *que* 1700 *eſt la premiere année du Siecle prochain, raiſonnent ainſi. On ne compte un qu'aprés qu'il eſt fini, & cent ans qu'aprés qu'ils ſont écoûlez & accomplis. On ne dit point qu'un enfant ait un an qu'à la fin des douze mois depuis ſa naiſſance. Donc on n'a commencé à compter un an qu'à la fin des douze mois depuis la naiſſance de* JESUS-CHRIST; & *par con-ſequent on n'a compté cent ans qu'-*

A iij

aprés que les cent ans ont esté expirez.
Il faut donc conclure, disent-ils, que
lorsqu'on commencera à compter 1700
le 17ᵉ Siecle sera fini. Voila le beau
raisonnement que vous faites faire
à ceux que vous vous imaginez
combatre. Si ce sont des personnes de quelque merite, vous leur
faites tort de les faire raisonner
si mal : Si ce sont des personnes
grossieres, il est inutile de perdre vôtre tems à refuter ces sor-
tes de gens. Semblables fadaises
ne meritent pas l'attention d'un
homme de vôtre caractere. Je suis
surpris que vous n'ayez pas fait
connoître le défaut de ce raisonnement, vous y auriez vû qu'il
conclud demonstrativement con-
tr'eux en cette sorte. Si on a commencé à compter cent ans qu'-
aprés qu'ils sont expirez, il faut

neceſſairement conclure ; que
quand on commence à compter
1700, le 17ᵉ Siecle ſera commencé ; car ſi le 17ᵉ Siecle commence,
il ne peut être fini. Pour vous dire ingenuëment ce que je penſe,
je crains fort que vous ne vous
ſoyez fait un fantôme pour a-
voir le plaiſir de le combattre,
perſuadé qu'il n'y a jamais eu per-
ſonne aſſez ſtupide pour ſe mettre
en tête que le 17ᵉ Siecle ſoit le
18ᵉ commencé. Pour moy je ſuis
à couvert d'un ſemblable reproche, puiſque vous me donnez lieu
d'ôter de l'eſprit de quelques perſonnes la difficulté que vôtre Diſſertation y auroit fait naître tou-
chant le Siecle prochain. Il n'eſt
pas neceſſaire de ſçavoir ce que
c'eſt que l'Ere Chrêtienne , ni
quand on a commencé à compter

les années depuis la naiſſance de
JESUS-CHRIST : Il ſuffit de
ſçavoir qu'on compte communément depuis la naiſſance de JESUS-
CHRIST juſqu'à preſent 1699 ans
commencez. Et quoy qu'il ſoit
indubitable que Denis le Petit,
qui a fait le Calendrier pour compter par les années de JESUS-
CHRIST, plûtôt que par celles
des Conſuls, ait mis la naiſſance
de JESUS environ quatre ans plus
tard qu'il ne falloit; c'eſt toûjours
la même queſtion. Cela ſuppoſé,
je dis qu'en comptant par l'Epo-
que de Denis le Petit, qui eſt celle
que nous ſuivons, l'an 1700 eſt
la fin du Siecle , & 1701 eſt le
commencement du Siecle prochain : Je le démontre, 1700 ans
accomplis font 17 Siecles accomplis : Or dans 17 Siecles accom-

plis il n'y a rien du 18ᵉ, donc l'an 1700 fini n'eſt pas le commencement du Siecle prochain. Il en eſt de même du nombre des années accomplies, que du nombre, par exemple, de moutons, de bœufs, de livres, &c. Or on ne peut pas dire qu'une centaine de moutons, de bœufs, de livres, &c. ſoient le commencement d'une ſeconde centaine ; donc 17 Siecles accomplis n'ont rien du 18ᵉ; donc 1700 ne peut être le commencement de 1701. L'unité eſt le commencement de tous les nombres tels qu'ils puiſſent être; donc la premiere année aprés 1700 accomplies commence le Siecle ſuivant. De plus, ſi 1700 commençoit le Siecle prochain, l'an 1699 accompliroit le 17ᵉ Siecle; ce qui ſeroit auſſi ridicule, que ſi

A v

on difoit que quatre-vingt-dix-neuf livres font cent livres. Voila, ce me femble, Monfieur, de quelle maniere on auroit fermé la bouche à ceux qui auroient été affez deftituez de bon fens pour croire que 1700 fût le commencement du 18e Siecle ; car je croy tous vos termes , *de fomme des unitez, de nombre Cardinal, de nombre Ordinal*, de queftion faite *par quel , quelle , en quelle lieu* , ou *quel quantiéme* , plus propres pour les Claffes que pour terminer des queftions auffi ridicules qu'eft celle-là. Il les faut méprifer felon l'avis que nous donne le faint Efprit , & ne point répondre à un foux crainte de luy devenir femblable , *Ne refpondeas ftulto juxta ftultitiam fuam , ne efficiaris ei fimiles.* Je fçay, & vous le fçavez auffi,

que le nombre des infenfez eft
tres-grand : Ne prêtons jamais les
oreilles à leurs difcours, qui n'ont
rien de folide , rien d'édifiant,
rien qui contente l'efprit, *Doctri-*
na ftultorum fatuitas. Ce fera le
moyen de n'en point augmenter
le nombre. Je fuis , &c.

RE'PONSE

à la Lettre de M. ***

MONSIEUR,

Il me vient de tomber entre les mains une Lettre anonyme, écrite de vôtre propre main , dans laquelle vous censurez quelques endroits de la Dissertation sur le commencement du Siecle prochain. Vous m'accusez d'avoir fait un Paralogisme dans le raisonnement que je fais faire à ceux qui assurent que 1700 est le commencement du Siecle. Si vous y aviez fait aſſez d'attention, vous auriez remarqué , que puiſqu'ils pretendent qu'on ne doit commencer à compter 100 que lorſque les 100 ans ſont accomplis, il falloit neceſſairement tirer cette conſequence. Donc dés qu'on commencera à compter 1700 , 1700 ans ſeront accomplis ; ce qui eſt la même choſe que de dire le 17ᵉ Siecle ſera fini. Vous dites au contraire qu'il falloit dire, le 17ᵉ Siecle ſera commencé. A la verité il ſera ſi bien commencé qu'il ne s'en faudra qu'une année qu'il ne ſoit fini. Je vois bien que ce qui vous a ébloüi, ç'a été le mot *de commencer.* Ce mot ne devoit pas vous revolter l'eſprit , puiſque ſelon vous-même , pour ſuivre vôtre raiſonnement de bœufs

& de moutons , on ne compte cent bœufs que quand on les a ; & dés qu'on commence à compter 100 , le nombre des 100 bœufs est accompli. Il falloit donc necessairement pour faire voir le nœud de la question, montrer la difference qu'il y a entre deux manieres de compter les espaces de tems.

Vous dites ensuite qu'il étoit inutile de perdre mon tems à refuter ces fortes de gens. Vous avez pû me reprocher plus judicieusement qu'aprés les avoir fait raisonner ainsi , je n'ay pas pris soin de faire voir le défaut de ce raisonnement. Car je me suis contenté , aprés avoir simplement exposé deux raisonnemens differens sur la même matiere , de faire quelques remarques sur la nature de la question, & de faire voir deux manieres differentes de compter les années, l'une par le nombre *Cardinal*, & l'autre par le nombre *Ordinal*. Vous ajoûtez, *Semblables fadaifes ne font pas dignes d'un homme de votre caractere.* Voilà un reproche bien different des autres qu'on m'a faits fur la même Diſſertation. Je vous prie d'y faire quelque attention.

Il s'en eſt trouvé pluſieurs qui paſſent même pour gens d'eſprit, qui m'ont reproché d'avoir été bien hardy de decider une queſtion que la Cour de Rome avoit laiſſée indeciſe, & que pluſieurs Docteurs en Theologie avoient crû ſi délicate & ſi embaraſſée de difficultez, qu'ils n'avoient oſé rien affirmer fur cette matiere. J'ay répondu à ce reproche, que ſi la

Cour de Rome & les Docteurs en Theologie n'en ont rien dit, c'eſt qu'ils n'ont pas crû qu'on dût mê-me propoſer cette queſtion comme une difficulté à reſoudre, ou bien parce qu'ils l'ont regardée comme n'ayant aucun rapport à la Theologie, & qu'elle apparte-noit aux Sciences purement hu-maines.

D'autres ont trouvé à redire, que je me ſois ſervi des raiſons ti-rées des Mathematiques, pour prouver ce que j'ay avancé, & que je n'avois même apporté au-cune autorité. Je pourrois leur répondre qu'ils ne devroient pas trouver mauvais que je me fuſſe ſervi des raiſons Mathematiques, puiſque la connoiſſance des Tems appartient à cette Science. Pour ce qui eſt des autoritez, je n'en ay

point raporté, parce que je n'ay pas
crû qu'elles fuſſent neceſſaires pour
confirmer ce que les ſeules lumie-
res de la raiſon démontrent évidemment. Cependant puis qu'ils
me demandent des autoritez, ils
en trouveront une fort autenti-
que dans le Dictionaire de Meſ-
ſieurs de l'Academie Françoiſe,
qui dit en parlant de 1601, qu'elle
étoit la premiere du Siecle. Je les
renvoye auſſi aux Tables Aſtro-
nomiques de M. de la Hire de
l'Academie Royale des Sciences,
dans leſquelles ils trouveront non
ſeulement l'autorité d'un ſi ſça-
vant homme, mais des calculs
qui leur découvriront la verité.
Je leur oppoſe encore celle de
Monſieur de Varignon de la même Academie Royale des Sciences, qui eſt ſi clair voyant & ſi

methodique , qu'il eſt incapable
de tomber dans l'erreur par aucun préjugé. Je croy même pou-
voir avancer hardiment que tou-
te la celebre Compagnie de l'Academie Royale des Sciences eſt du
même ſentiment.

D'autres m'ont objecté que le
Pape Gregoire XIII. avoit decidé
le contraire , lorſqu'il ordonna
que pendant 400 ans on obmet-
troit trois Biſſextes aux trois pre-
mieres années centiemes ; car ,
diſent-ils , les calculs qu'on fait
pour trouver les Lettres Dominicales & les Epactes , ſe font pour
les années de ce Siecle juſqu'à
1700 excluſivement : Donc , diſent-ils , 1700 eſt exclus du Siecle
preſent , & appartient au Siecle
ſuivant. Je pourrois encore répondre que la conſequence eſt tres-

mal tirée, parce que cette omiſ-
ſion du Biſſexte aux années centiemes étant arbitraire, on la
pouvoit faire à la 96e année, &
ainſi les calculs pour les Lettres
Dominicales & les Epactes ſe ſeroient faits pour les années juſqu'à la 96e année du Siecle excluſivement, & alors il ſeroit ridicule de dire que l'année 1696 fuſt
du Siecle prochain, à cauſe de
cette excluſion.

Il s'en eſt trouvé d'autres qui
ont trouvé que je n'en avois pas
dit aſſez pour convaincre les ob-
ſtinez. Si j'avois crû qu'on eût
dû me faire cette objection, j'y
aurois ajoûté ce qui ſuit dans la
Solution du Problême p. 9. de la
Diſſertation. Il faut bien prendre
garde que cette expreſſion *die* 10.
Auguſti anni 1697, eſt tres-diffe-

rente de celle-cy *die* 10. *Augusti post annum* 1697 ; car la premiere signifie que 1697 est l'année courante , & l'autre fait connoître qu'elle est passée. Les Historiens comptent selon la premiere maniere en plaçant chaque évenement dans l'année courante ; & lorsqu'ils le placent aprés l'année complete, ils s'expriment selon la seconde maniere.

De plus, les quantiémes années des Siecles se comptent comme les quantiémes jours des mois. Lorsqu'on date un Acte chez un Notaire du 21 du mois de Mars, on n'entend pas que le 21 soit accompli, mais on entend qu'il s'écoule actuellement : de même lorsqu'on datte le même Acte d'une certaine année , par exemple, du 15 de Mars de l'année 1699, on entend par là du 15ᵉ jour courant de la 1699ᵉ année courante , & non pas du jour courant aprés le 15 complet , ni de l'année courante aprés la 1699ᵉ année complette ; & il seroit ridicule de datter un Acte de la presente année 1699, si on pretendoit que 1699 fût déja revolu & accompli ; car pour lors on seroit obligé d'y ajoûter le reste du tems écoûlé depuis 1699 complet , ce qu'on ne fait pas.

Mais pour voir évidemment que l'année civile , par exemple 1699 est la 1699ᵉ année courante de l'Ere Chrêtienne, il ne faut que faire attention à la maniere de calculer des Astronomes qui se servent des espaces de tems revolus & accomplis : car s'ils veulent trouver le vray lieu du Soleil dans l'écliptique , ils commencent par reduire le tems civil en Aftrono-mique , en prenant dans le tems courant tout ce qui eft complet, folide & revolu. Par exemple , fi je veux chercher le vray lieu du Soleil dans l'écliptique le 25 Jan-vier de l'année 1699 à 4 heures du matin , il faut pour cela que je prenne tout le tems complet, c'eft-à-dire 1698 complet , 23 jours 16 heures , & enfuite le refte du cal-cul fe fait,comme les regles Aftro-nomiques le prefcrivent. De mê-me ce tems civil le 4 Janvier à midi de l'année 1700, étant réduit en Aftronomique , on aura 1699 complet, & 3 jours du mois de Janvier ; & par confequent quand on commencera de compter 1700, il n'y aura que 1699 ans revolus & accomplis. Donc l'année depuis

1700 jusqu'à 1701 est la derniere de ce Siecle.

Mais aprés cette digression, revenons à vôtre Lettre. Vous dites qu'il n'est pas necessaire de sçavoir ce que c'est que *l'Ere Chrétienne, ni quand on a commencé à compter les années.* Comment voulez-vous donc sçavoir en quelle année vous êtes, si vous ne sçavez pas que la premiere année de l'Ere Chrêtienne avoit deux de nombre d'or, & B pour Lettre Dominicale, & qu'elle est necessairement attachée à la 46ᵉ année Julienne. Il semble, selon vos paroles, que vous faites une difference entre l'Ere Chrêtienne & l'Ere Commune. Je vous diray en passant que c'est la même chose. Vous ajoûtez, *Il suffit de sçavoir qu'on compte communément depuis la Naif-*

ſance de Jeſus-Chriſt juſqu'à preſent 1699 *ans commencez.* Vous auriez parlé plus juſte, ſi vous aviez dit depuis le moment où Denis le Petit a ſuppoſé la Naiſſance de JESUS-CHRIST.

Vous pretendez enſuite donner une demonſtration convaincante que 1701 eſt la premiere du Siecle, & par là fermer la bouche à ceux, qui ſelon vous, ſeroient aſſez ſtupides pour dire que 1700 n'eſt pas la derniere de ce Siecle. Voicy comment vous le démontrez, 1700 *ans accomplis font* 17 *Siecles accomplis : Donc l'an* 1700 *fini n'eſt pas le commencement du Siecle prochain.* Il me ſemble que vous ne fermez pas la bouche à ceux qui voudroient faire une retorſion de vôtre argument, & diroient; Donc l'an 1700 fini, la

premiere année du Siecle prochain commencera : car leur difficulté ne consiste qu'à dire, on ne
compte les années qu'à la fin :
Donc, disent-ils, dés qu'on comptera 1700, 1700 seront accomplis;
& lorsqu'on comptera 1701, l'an
1701 sera accompli.

Retournons , je vous prie , à
vos bœufs & à vos moutons. *Il en
est de même*, dites-vous, *du nombre
des années que du nombre , par exemple, de moutons, de bœufs , de livres,
&c.* Or on ne peut pas dire qu'une
centaine de moutons , de bœufs , de
livres , &c. soient le commencement
d'une seconde centaine. Cela est
vray. *Donc 17 Siecles accomplis n'ont
rien du 18.* Cela est encore vray.
Mais si 17 Siecles sont accomplis
dés qu'on commence à compter
1700, l'année entiere, depuis qu'on

commence à compter 1700, jufqu'à ce qu'on commence à dire
1701, fera la premiere du 18ᵉ Siecle ; de même que dés qu'on a
commencé de compter 100 bœufs,
le bœuf qui eft depuis qu'on a
commencé à compter 100, jufqu'à
ce qu'on commence à compter
101, eft le premier de la feconde
centaine. Si vous voulez donc
éviter de tomber dans cet incon-
venient, il faut que vous comptiez
les efpaces de tems autrement que
des bœufs & des moutons , & que
vous remarquiez que le nombre
Cardinal ne s'applique qu'à la fin
de ces efpaces ; mais qu'on peut
appliquer toûjours le nombre ordinal depuis le commencement
de chaque efpace jufqu'à la fin,
comme on dit qu'un homme a 30
ans lorfqu'il les a accomplis, mais

qu'il est à sa 30e lorsque la 30e année commence. Vous ajoûtez,
*Tous ces termes sont plus propres pour
les Classes que pour resoudre des questions aussi ridicules qu'est celle-là.*
Comme s'il n'étoit jamais permis
hors les Classes de faire attention
aux expressions Latines ou Fran-
çoises pour connoître la nature
des idées qu'elles doivent exciter.
C'est-là où vous me témoignez
que le saint Esprit vous a inspiré
de traiter de fous & d'insensés
tous ceux qui font de semblables questions. Je ne m'offense
point de ces paroles tirées des
Proverbes de Salomon, qui font
fort édifiantes dans l'Ecriture
Sainte, mais que vous avez appli-
quées assez mal à propos : car si
vous les faites retomber fur moy,
le prochain ne fera pas édifié que

vous traitiez ainſi un Miniſtre de J. C. & qui a toûjours été vôtre amy. Si vous les faites retomber ſur les autres qui ont fait ces mêmes queſtions, vous bleſſez la charité, parce qu'il y a des perſonnes tres-ſages qui les ont faites avant moy, & que vous devez reſpecter, & entr'autres un tres honnête homme Docteur en Theologie, qui propoſe dans un Journal des Sçavans la même queſtion, & affirme que 1700 eſt la premiere du Siecle prochain. Je ſuis,

MONSIEUR,

Vôtre tres-affectionné ſerviteur
DELAISEMENT Profeſſeur
Academique.

Permis d'imprimer. Fait ce 15. Février 1699.
M. R. DE VOYER D'ARGENSON.